Hávamál

So
sprachen
die
Wikinger

H á v a m á l

So sprachen die Wikinger

Übersetzt aus
dem Altnordischen von
Helmut Hinrichsen

GUDRUN

3. Auflage 1995

GUDRUN publishing
Reykjavík – Göteborg – Oslo

Umschlag: Björn Jónasson og Helgi Hilmarsson
Satz: Helgi Hilmarsson

ISBN 9979-60-031-4 (Gebunden)
ISBN 9979-60-032-2 (Taschenbuch)

Palatino 8-12p und Goudy 14p
Recycled paper

Druck und Buchband: Oddi hf.
Printed in Iceland

Inhalt

Einleitung

Hávamál ist die bekannteste und sicherlich eine der beliebtesten Verssammlungen der sogenannten Edda-Lieder. Der Teil der Hávamál, der hier im Druck erscheint, nimmt in der eddischen Dichtung eine besondere Stellung ein: die Verse sind weder heroisch noch mystisch, sondern haben eher didaktischen Charakter.

Die Edda hat für den Norden dieselbe Bedeutung wie Vedas für Indien und die homerische Dichtung für die griechische Kultur. Über Jahrhunderte und Jahrtausende haben sie Generation nach Generation erfreut und sich als unerschöpflicher Schatz zu immer neuen Inspirationen erwiesen.

Die Wissenschaft ist sich nicht einig, wo und wann die Spruchverse der Hávamál ursprünglich geschrieben wurden. Einige behaupten in Norwegen, andere in Island, und wieder andere glauben auf den Britischen Inseln. Aber nicht nur das Ursprungsland, auch der geistige Ursprung der Lieder ist ungewiß. Handelt es sich um eine Sammlung von alten Weisheiten, die in der Wikingerära entstanden ist und schließlich in einem jener Länder niedergeschrieben wurde? Oder handelt es sich um eine Mischung von christlichen Sprüchen und heidnischen Weisheiten, die im Metrum der Edda vereinigt wurden?

Die Frage nach dem Alter der Hávamál ist abhängig von der Antwort auf die oben gestellten und ungeklärten Fragen. Übereinstimmung besteht nur darüber, daß die Lieder im Zeitraum von 700-900 n. Chr. verfaßt, aber wohl erst sehr viel später niedergeschrieben worden sind.

Doch eins ist sicher: Der Geist der Dichtung wurde beeinflußt von Geisteshaltung und Kultur der Wikingerära, die ihren Höhepunkt im Zeitraum von 800-1000 n. Chr. hatte.

Mit dieser neuen, zeitgemäßen Übersetzung soll dem deutschsprachigen Leser die Dichtung der Hávamál zugänglich gemacht werden. Bei meiner Übersetzung habe ich auf die unschätzbare Arbeit zahlreicher Altgermanisten zurückgreifen können. Auf meinem Schreibtisch stapelten sich Übersetzungen der Edda-Lieder, die älteste von Karl Simrock (1851) und die jüngste von Arthur Häny (1987), denen ich viele Ideen und Inspirationen verdanke. Als wertvolle Hilfe und Ideenquelle erwies sich ebenfalls die englische Übersetzung von Björn Jónasson (The Sayings of the Vikings). Insbesondere gilt mein Dank Gudrun M. H.

Kloes für ihre kritischen Anmerkungen und Ideenanstöße, sowie Dr. Coletta Bürling, der Leiterin des Goethe-Institutes in Reykjavík, die nicht nur die Korrekturen durchlas, sondern auch wertvolle Anregungen gab.

Helmut Hinrichsen

Vorwort

Die Wikinger und ihre Nachkommen lebten in einer Welt, in der das Christentum sich erst spät und nur unter großen Schwierigkeiten durchzusetzen vermochte. Das heidnische Weltbild lebte jahrhundertelang im Geiste der Menschen weiter, auch lange nachdem das Christentum offiziell den heidnischen Glauben abgelöst hatte. Weisheiten vergangener Tage wurden von einer Generation zur anderen übertragen, ungeachtet aller Anstrengungen, den alten Glauben zu unterdrücken.

Die Weisheiten des Nordens, Hávamál, öffnen uns Einblick in das heidnische Weltbild, unabhängig von Zeit und Raum. Trotz ihrer 1000 Jahre erscheint die Dichtung, als wäre sie erst gestern geschrieben worden. Kaum etwas scheint veraltet; hat doch der Mensch sich in den Jahrhunderten kaum verändert. Was die Qualität des Lebens ausmacht, ist heute noch im wesentlichen dasselbe wie zu der Zeit, als die Verse der Hávamál geschrieben wurden: Einem Menschen, der einen warmen Platz am Feuer hat, die Sonne sieht, gesund ist und keine Laster hat, geht es besser als jemandem, der nach Reichtum und Luxus strebt und anderen imponieren will. Keiner kann dem Tod entgehen, doch der Ruf eines Mannes wird den Zahn der Zeit überdauern.

Bis Ende des 18. Jahrhunderts konnte die heidnische Kultur dem Ansturm aus dem Süden, der Dialektik von Gut und Böse, der jetzigen und einer kommenden Welt, widerstehen. Lange Zeit konnte das heidnische Weltbild neben dem Christentum oder versteckt unter dem Mantel der Kirche weiterexistieren und eine ständige Bedrohung bleiben. Noch im 17. Jahrhundert riefen Magier die Götter Odin, Thor und Freyr an. In Island und Skandinavien blieben die christlichen Prinzipien als Grundstein der sozialen Gesellschaftstruktur lange Zeit zerbrechlich.

Die Weltanschauung der Hávamál wurzelt vor allem im Glauben an den Wert jedes Individuums; doch der Mensch ist nicht allein auf der Welt, er ist durch unzerreißbare Bande mit Natur und Gemeinschaft verbunden. Der Kreislauf des Lebens war einfach und unteilbar, die Welt in allen ihren Lebensformen ein harmonisches Ganzes. Wer die Natur verletzte, traf die Wurzeln seiner eigenen Existenz. In der altnordischen Philosophie war jedes Individuum für sein eigenes Leben verantwortlich und Schmied seines eigenen Glücks oder Mißgeschicks.

Vielleicht lag in der Lebensphilosophie der Wikinger nie eine größere Bedeutung als zur heutigen Zeit; in einer Zeit, in der alles versucht wird, der eigenen Verantwortung zu entfliehen, wo Menschenverachtung groß geschrieben und die Natur mit Füßen getreten wird.

Matthías Viðar Sæmundsson
Lektor für isländische Literatur,
Universität Island.

Hávamál

Gib Obacht!

Nach allen Ausgängen
halt Ausschau,
eh' du eintrittst,
sieh dich sorgsam um.
Wer weiß,
wo ein Feind
auf der Lauer liegt.

Gäste

Freundlichen Gruß
entbietet der Gast.
Wo soll er sitzen?
Ungeduldig wird,
wer zwischen Tür und Angel
erst seinen Platz erstreiten muß.

Ein warmer Platz am Feuer

Macht Platz am Feuer
für den Fremden,
seine Knie sind vor Kälte steif.
Auch Kost braucht
und Kleidung,
wer über Berge gewandert.

Gastfreundschaft

Wasser braucht,
wer weit gewandert,
und zum Trocknen ein Tuch.
Auch ein freundliches Wort
darf nicht fehlen,
aufmerksames und andächtiges
Schweigen.

Klugheit

Ein kluger Kopf
und klarer Verstand
darf in der Fremde nicht fehlen.
Spott erntet,
wer Unsinn spricht
in redlicher Männerrunde.

Bescheidenheit

Der eigenen Klugheit
soll keiner sich rühmen,
doch immer achtsam sein.
Wer bedächtig
ein Haus betritt,
kommt nicht so schnell zu
Schaden.
Kaum findet man
einen besseren Freund
als Vernunft und
Menschenverstand.

Besonnenheit

Ein weiser Mann,
zum Festmahl geladen,
schreitet schweigsam zur Tafel.
Er spitzt die Ohren
und späht in der Runde;
besonnen benimmt sich der Kluge.

Seines Glückes Schmied

Glücklich kann sich preisen,
wer sein Geschick
in eigenen Händen hält.
Trügerisch ist,
dem zu trauen,
was andere Leute dir geloben.

Traue nicht fremdem Rat

Glücklich ist,
wer sich ganz im Leben
auf eigene Klugheit stützen kann;
schon oft
ist anderer Munde
manch mißlicher Rat entsprungen.

Weisheit wiegt schwerer als Gold

Eine wertere Last
als Klugheit und Witz
nimmt niemand mit auf die Reise.
Weisheit
wiegt schwerer als Gold
und ist Schirm und Schutz vor
Gefahren.

Nüchtern soll man reisen

Eine wertere Last
als Klugheit und Witz
nimmt niemand mit auf die Reise;
doch Bier
im Bauch
im Übermaß ist übel.

Trink in Maßen

Nicht so gut,
wie mancher glaubt,
bekommt dem Körper der Met.
Der Mensch,
der maßlos trinkt,
ist nicht mehr Herr seiner Sinne.

Kühn und besonnen

Besonnen und verschwiegen
sei der freie Mann,
und kühn im Kampfe;
frohen Mutes
und frohgelaunt
bis zum Tag seines Todes.

Keiner lebt ewig

Nur den Dummkopf
dünkt, ewig zu leben;
so flieht er vor seinen Feinden.
Doch das Alter
ereilt jeden,
auch wenn das Schwert ihn
verschont.

Schlechte Manieren

Der Einfältige gafft
beim Gastmahl,
stammelt oder ist gar stumm.
Kaum hat er
den Krug geleert,
offenbart sich seine Gesinnung.

Menschenkenntnis

Der allein,
der viel gereist
und durch die Welt gewandert ist
und versteht,
seinen Verstand zu gebrauchen,
kennt Art und Gemüt der
Menschen.

Zurückhaltung

Den Met
trink in Maßen,
sprich überlegt oder schweige.
Niemand wird
dein Benehmen tadeln,
wenn du baldig zu Bette gehst.

Halt Maß beim Mahle

Der Gast,
der seine Gier nicht zügelt
und kein Maß beim Mahle kennt,
erntet Hohn
unter Klugen
für seinen maßlosen Magen.

Nur ein Narr kann nicht maßhalten

Selbst das Vieh weiß,
wann es Zeit ist,
die fette Weide zu verlassen.
Doch der Narr
erfaßt nimmer
das Maß seines Magens.

Keiner ist frei von Fehlern

Der armselige Narr
alles verspottet
und zu nichts von Nutzen ist.
Er weiß nicht,
was er doch wissen sollte,
daß auch er nicht frei von
Fehlern ist.

Sorgen

Nur ein Narr
wacht Nacht für Nacht
und macht sich sinnlos Sorgen;
am Morgen
ist er müde,
doch geblieben sind seine Sorgen.

Falsches Lächeln

Der leichtgläubige Narr
hält schon ein Lächeln
für Freundschaft
und merkt nicht,
wie die Menschen
hinter seinem Rücken höhnen.

In der Not zeigen sich Freunde

Der leichtgläubige Narr
hält schon ein Lächeln
für Freundschaft.
Erst in der Not
erkennt man,
was wahre Freunde sind.

Selbsttäuschung

Der einfältige Tor
glaubt alles zu können,
solange er sich sicher fühlt.
Auf sich alleingestellt,
weiß er die Antwort nicht
auf viele Fragen.

Schweigen ist Gold

Wer nicht viel weiß,
wahre besser Schweigen,
wenn er zu klugen Leuten kommt.
Sein Unwissen
bleibt unerkannt,
solange er seine Zunge zügelt.
Doch meist
merkt nicht,
wer pausenlos plappert.

Gerüchte

Gescheit fühlt sich,
wer zu fragen versteht
und auf alles Antwort weiß.
Was einmal
in Umlauf gekommen,
kann schwer nur widerrufen
werden.

Geschwätz

Wer ständig schwatzt
und selten schweigt,
erzählt oft Unsinn.
Wer aber seine Zunge
nicht im Zaume hält,
sorgt selber für den Schaden.

Spott

Verhöhne
und verspotte nicht
den Gast in geselliger Runde.
Oft dünkt sich klug,
wer nicht gefragt
und meint, sicher im Trockenen
zu sitzen.

Spott schafft Feinde

Weise handelt,
wer nicht bleibt,
wo Spott von Mund zu Munde
geht.
Wer weiß,
ob nicht sein Witzeln
ihm schlimme Feinde schafft.

Auf Spott folgt Streit

Selbst Freunde
finden bei Tische
oft Grund zu Zwist und Zank.
Streit folgt
auf dem Fuße,
wenn einer den anderen
verspottet.

Ein reichliches Frühstück

Nimm morgens
ein reichliches Mahl
und iß ausgiebig vor jeder Feier.
Plagt dich der Hunger,
kannst du nicht
der Unterhaltung beim Feste
folgen.

Wahre Freundschaft

Ein schlechter Freund
ist meistens fern,
sei sein Haus auch noch so nah.
Ein echter Freund
ist immer nah,
mag der Weg auch weit sein.

Fall nicht zur Last

Zeitig gehen
soll der Gast
und nicht ungebührlich bleiben.
Lästig wird,
wer zu lange
am Feuer eines Freundes hockt.

Sein eigener Herr

Die kleinste Hütte
ist besser als keine;
daheim bist du dein eigener Herr.
Ziegen im Stall
und Stroh auf dem Dach
sind besser als Betteln.

Armut

Die kleinste Hütte
ist besser als keine;
daheim bist du dein eigener Herr.
Dem blutet das Herz,
der betteln muß
um Almosen zum Essen.

Sei auf der Hut

Weiche nicht
von deinen Waffen
einen Schritt auf freier Flur.
Wer weiß,
wann du
deinen Speer später brauchen
wirst.

Geschenke

So generös
und gastfrei ist keiner,
daß er Geschenke verschmäht;
oder so freigebig
mit Geld,
daß eine Belohnung ihm leid ist.

Falscher Geiz

Geize nicht
mit deinem Geld,
welches du erworben.
Oft gelangt in falsche Hand,
was einem Freund war zugedacht,
und endet anders, als man meinte.

Nehmen und Geben

Mit Waffen
und prachtvollen Gewändern
erfreue deine Freunde.
Nehmen und Geben
ist Garant
für feste Freundschaftsbande.

Vergelte Gabe mit Gabe

Sei ein guter Freund
deinem Freunde,
vergelte Gabe mit Gabe.
Doch auf Spott
antworte mit Spott
und auf Trug mit Täuschung.

Freundschaftsbande

Sei ein guter Freund
deinem Freunde
und auch den Freunden deines
Freundes.
Dem Freund
seiner Feinde
soll niemand Zuneigung zeigen.

Freundschaft muß man pflegen

Einem Freund,
dem du vertraust,
und eine Gunst soll dir gewähren,
sollst du Gesellschaft leisten,
Geschenke tauschen;
Freundschaft muß man pflegen

Auf Trug antworte mit Täuschung

Einen Menschen,
dem du minder traust,
doch eine Gunst soll dir
gewähren,
sollst du umschmeicheln,
auch wenn du übel denkst;
begleiche Trug mit Täuschung.

Vergelte Gleiches mit Gleichem

Einen Menschen,
dem du minder traust
und falscher Freundschaft zeihst;
mit ihm sollst du lachen
und listig reden;
vergelte Gleiches mit Gleichen.

Gesellschaft

Einst war ich jung
und irrte allein,
folgte so manchem falschen Pfade.
Glücklich war ich,
als ich Gesellschaft fand;
denn der Mensch ist des
Menschen Freude.

Furcht und Geiz

Wer frohen Mutes
und freigebig ist,
kennt keine Sorgen.
Der Feigling
fürchtet alles
und geizt mit den Gaben.

Kleider machen Leute

Zwei Vogelscheuchen
auf dem Feld
gab ich meine Gewänder.
Sie dünkten sich Helden
mit Hut und Rock;
nackt ist man niemand.

Einsamkeit

Es dörrt die Föhre
allein im Feld,
schützt weder Blatt noch Borke.
So geht es dem Menschen,
den niemand mag –
wie soll er lange so leben?

Scheinfrieden

Heiß wie Feuer
brennt fünf Tage
der Frieden unter Feinden.
Doch nicht lange
lodert die Flamme;
bald ist die Liebe wieder
erloschen.

Gaben schaffen Freunde

Gib nicht an
mit großen Gaben,
auch mit kleinen kaufst du
Freunde.
Ein Kanten Brot,
ein geteilter Becher
festigen Freundschaftsbande.

Kleinkariertheit

Wie ein Körnchen Sand
ist klein der Verstand
von kleinkarierten Menschen.
Unterschiedlich
in ihrer Art
sind die Wesen dieser Welt.

Mittelmaß

Sei angemessen klug
nicht übermäßig,
geh den Weg des Mittelmaßes.
Die Menschen,
die Maß halten,
führen ein leichtes Leben.

Wer ewig zweifelt

Sei angemessen klug,
nicht übermäßig,
geh den Weg des Mittelmaßes.
Heiter ist selten
und froh um's Herz,
wer an allem und überall zweifelt.

Wen Sorgen plagen

Sei angemessen klug,
nicht übermäßig,
geh den Weg des Mittelmaßes.
Nicht schlafen kann,
wer sein Schicksal kennt;
ständig seine Sorgen plagen.

Funke des Geistes

Eine Fackel
entfacht die andere;
Feuer entzündet Feuer.
Wer lauscht,
lernt von anderen;
wer stur ist, wird nie klug.

Früh geh zum Kampfe

Früh muß aufstehn,
wer erfolgreich will
nach anderer Land und Leben
trachten.
Der faule Wolf
fängt keine Schafe;
im Schlaf gewinnt man keine
Schlachten.

Morgenstund hat Gold im Mund

Früh muß aufstehn,
wer viel Arbeit hat;
die helfenden Hände fehlen.
Wer lange schläft,
läßt vieles ungetan –
früh gewagt ist halb gewonnen.

Weise Voraussicht

Ein Mann sollte wissen,
wieviel Holz er braucht,
Brennholz und Birkenrinde;
wieviel Holz
er horten sollte,
daß es für jede Jahreszeit reicht.

Scham

Gesättigt und rein
reite zum Thing,
auch ohne kostbare Kleider.
Es schäme sich nicht
seiner Schuhe und Hose,
noch seines Rosses der Reiter.

Wer keinen kennt

Wie der Adler
am Wasser
umherspäht und spioniert,
so ist der Mann,
in der Menschenmenge,
wo er wenig Fürsprache findet.

Verschwiegenheit

Nur wer fragt
und zu antworten weiß,
kann sich seiner Klugheit rühmen.
Einem kannst du vertrauen,
kaum einem zweiten;
was drei wissen, wissen alle.

Macht

Der Besonnene
gebrauche
seine Macht in Maßen;
unter Mutigen
erst merkt er:
Keiner ist dem anderen überlegen.

Pünktlichkeit

Allzu früh
erschien ich einigerorten,
anderenorts kam ich zu spät;
das Bier war getrunken
oder noch nicht gebraut –
unpünktlich ist der
unerwünschte Gast.

Ein gerngesehener Gast

Gern' gesehen
ist der Gast,
der keinen Bissen braucht;
zwei Schinken
zurückläßt,
wo er einen gegessen.

Lebensglück

Der Mensch braucht Wärme,
Wärme des Feuers
und Sonnenstrahlen.
Glücklich ist,
wer gesund
und ohne Laster lebt.

Ganz elend ist keiner

Ganz elend ist keiner,
auch wenn er krank ist;
einer kann stolz sein auf
die Kinder,
einer auf die Verwandten,
einer auf's Geld,
ein anderer auf seine Arbeit.

Besser arm als tot

Zu leben ist besser,
als im Grab zu liegen;
ein Toter bekommt keine Kuh.
Ich sah den Feuerschein
im Fenster eines Reichen,
doch selbst lag er tot vor der Tür.

Besser blind als begraben

Wer hinkt, kann reiten,
ein Armloser Hirt sein,
sogar der Taube taugt zum
Kampfe.
Blind zu sein
ist besser als begraben;
ein Toter ist zu nichts mehr nütze.

Nachkommen

Besser einen Sohn,
der spät geboren
als keine Nachkommen zu haben.
Wer sonst
soll hauen
den Namen des Verstorbenen
in Stein.

Armut ist keine Schande

So manchen
törichten Mann
macht Geld zum Gecken.
Der eine ist reich,
der andere arm;
arm zu sein ist keine Sünde.

Ruhm

Vieh stirbt,
Freunde sterben,
du selber stirbst einst ebenso;
doch dein Ruhm
und dein Ruf
werden den Zahn der Zeit
überdauern.

Zum Titel des Buches

Der isländische Originaltitel dieser Sammlung poetischer Sprüche ist Hávamál, was direkt übersetzt „Reden des Hohen“ bedeutet. Mit dem „Hohen“ ist Odin (bzw. Wotan) gemeint, der ranghöchste der nordischen Götter. Odin ist das nordische Äquivalent zu den Göttervätern Zeus und Jupiter.

In den „Reden des Hohen“ - oder Hávamál - gibt der Gott uns Sterblichen Verhaltensratschläge, wie man ein glückliches und lebenswertes Leben führen kann.

So sprachen die Wikinger ist eine Auswahl der besten Verse aus dieser altnordischen Gedichtssammlung. Dem Leser wird ein Einblick in das Weltbild der Wikinger, die ethischen Werte sowie die Literatur jener Zeit vermittelt. Mit ihrer scharfsinnigen Weisheit, dem kurzen und bündigen Humor sowie ihrem edlen Geist ist diese Sammlung Kern der Lebensphilosophie der Wikingerära.

Die Metrik der Hávamál

Hávamál wurde im Versmaß des Ljóðaháttur geschrieben, was man direkt als „poetisches Maß" übersetzen könnte. Schon der Name deutet auf die überlegene Stellung dieser Metrik hin.

Eine Strophe besteht aus zwei Halbversen mit jeweils drei Verszeilen. Die ersten beiden Zeilen in jedem Halbvers sind durch Alliteration miteinander verknüpft, und die dritte Zeile alliteriert in sich selber.

Unter Alliteration oder Stabreim versteht man den gleichen Anlaut von zwei oder mehr Hebungen. Konsonanten alliterieren nur mit sich selber, während Vokale und Diphtonge als Laute von gleicher Beschaffenheit gelten.

Zum Beispiel:

1. Die kleinste Hütte
2. ist besser als keine;
3. daheim bist du dein eigener Herr.

4. Dem blutet das Herz,
5. der betteln muß
6. um Almosen zum Essen.

Die ersten beiden Zeilen in jedem Halbvers (1 und 2, 4 und 5) haben im allgemeinen zwei Hebungen, während die letzte Zeile jedes Halbverses (3 und 6) zwei bis vier Hebungen aufweisen kann.

Zum Beispiel:

1. Die kleinste Hütte
2. ist besser als keine;
3. daheim bist du dein eigener Herr.

4. Dem blutet das Herz,
5. der betteln muß
6. um Almosen zum Essen.

Die Metrik der Hávamál wird erst richtig deutlich, wenn man die Verse laut rezitiert. Melodik sowie Rhythmus werden aber nicht nur durch Alliteration hervorgerufen, sondern ebenfalls durch den Kontrast von alliterierten und nicht alliterierten Hebungen. Charles W. Dunn, Professor an der Harvard University schreibt: „Das Ohr ist permanent durch den unvorhersehbaren Wechsel von alliterierten und nicht alliterierten Anlauten angespannt. Ebenfalls variiert der Rhythmus beständig, da im Ljóðaháttur eine freiere Silbenzählung erlaubt ist. Man kann sein Ohr trainieren, um das melodische Element, die Musik dieser Dichtkunst zu verstehen."

S. 50
51
7[illegible]

81
82
8[illegible]
[illegible]3
[illegible]
2[illegible]

[illegible]
[illegible]